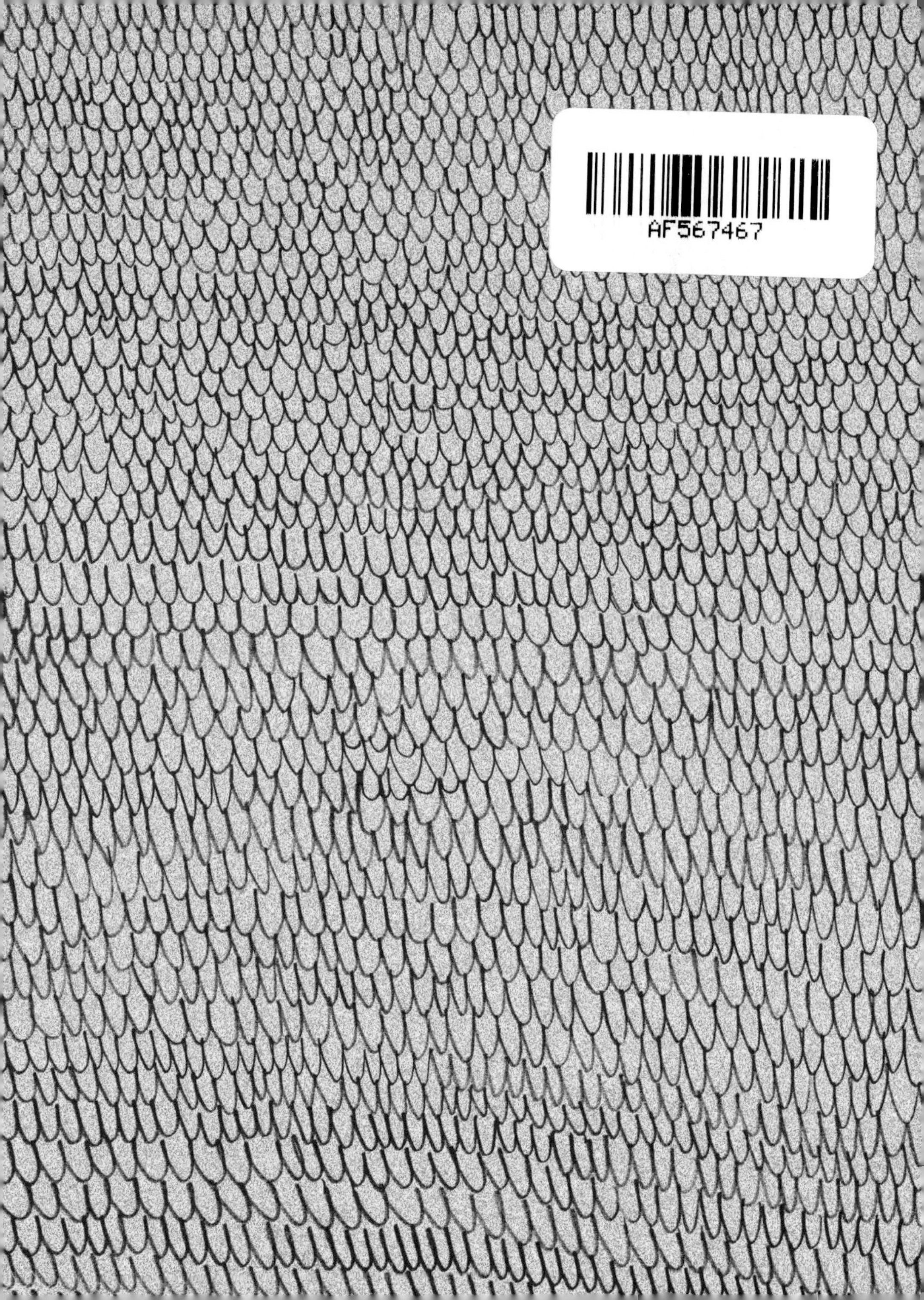

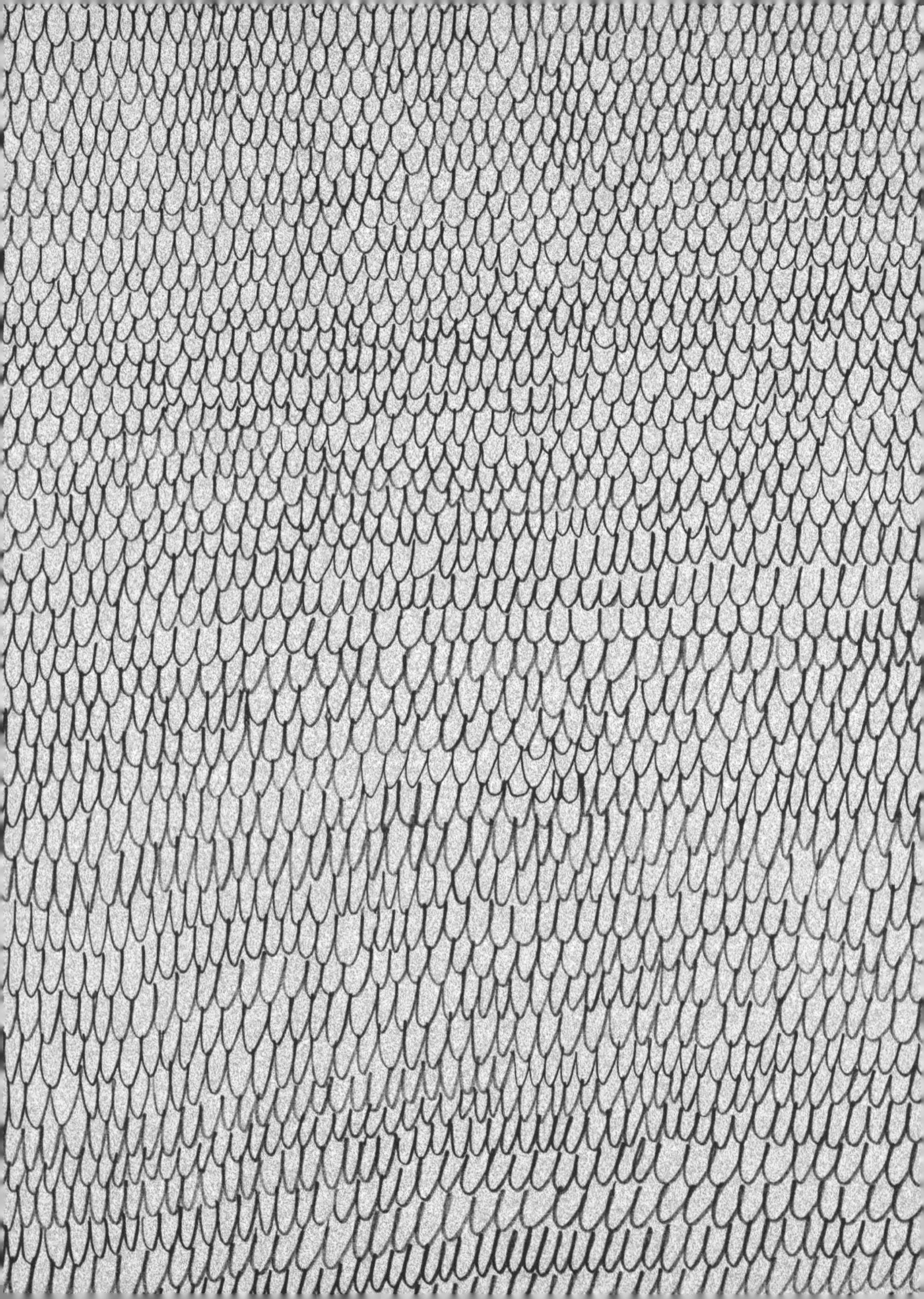

JE N'AI PAS FAIT MES DEVOIRS PARCE QUE...

hélium

Pour Valentino et Ben
–D. C.

Pour Milo
–B. C.

Pour la présente édition :

Loi n° 49956 du 16 juillet 1949
sur les publications destinées à la jeunesse
helium-editions.fr
N° d'édition : JE 170 / 7
ISBN : 978-2-33002-371-3
Dépôt légal : premier semestre 2014

Pour l'édition originale, publiée sous le titre :
I Didn't Do My Homework Because...
parue chez Chronicle Books LLC,
San Francisco, Californie, en 2014

Traduit de l'anglais par Sophie Giraud
Imprimé en Chine par C&C Offset en juin 2023

JE N'AI PAS FAIT MES DEVOIRS PARCE QUE...

Davide Cali Benjamin Chaud

Je n'ai pas fait mes devoirs parce que...

Un avion, avec à son bord des centaines de singes, a atterri dans notre jardin.

Un robot hors contrôle a détruit notre maison.

Des elfes ont caché mes crayons.

J’ai été enlevé par une soucoupe volante.

Juste au moment où je me mettais au travail,
nous avons été attaqués par des Vikings.

Des reptiles géants ont envahi mon quartier.

Le sirop pour la toux que m'a prescrit le médecin
m'a fait un drôle d'effet.

J'ai dû aider mon oncle à construire
une super machine à faire-mes-devoirs-à-ma-place.
Mais une fois terminée, elle n'a jamais marché.

Mon chien a été avalé par un *autre* chien,
et j'ai passé l'après-midi chez le vétérinaire.

J'ai dû assister à l'enterrement de mon chat.

Des évadés de la prison d'à côté se sont cachés dans ma chambre : pas moyen de les en faire sortir.

Mon oncle a été provoqué en duel par le voisin.

L'orchestre de mon grand-père
faisait un sacré tintamarre : impossible de me concentrer.

Nous n'avions rien à brûler
et j'ai dû sacrifier mes livres.

Nous avons trouvé un manchot égaré
que nous avons été obligés
de raccompagner au pôle Nord...

«Mais les manchots
vivent au pôle Sud!»

C'est exact : quand nous avons réalisé notre erreur, nous avons dû refaire le voyage dans l'autre sens jusqu'à *l'autre* pôle...

Mon frère et moi avons été kidnappés par un cirque.

Ma famille a découvert
un puits de pétrole dans le jardin.

J'ai donné ma trousse de crayons
à Robin des Bois.

Un cinéaste très connu a demandé à utiliser ma chambre pour tourner son prochain film.

Des oiseaux étranges ont construit
leur nid sur notre toit.

Nous avons eu un gros problème
avec des plantes carnivores.

Notre toit s'est brutalement volatilisé.

Nos voisins nous ont demandé de chercher avec eux leurs tatous domestiques.

Le lapin de ma sœur a dévoré mes crayons
et tous mes cahiers.

Mon frère a encore fait sa « crise ».

Une tornade a aspiré mes livres.

Vous voyez bien... Je n'y peux rien...
Pourquoi ne me croyez-vous pas ?

«Parce que j'ai lu le même livre que toi!»

Les lézards géants n'ont
jamais envahi mon quartier.
Les lézards géants n'ont
jamais envahi mon quartier.
Les lézards géants n'ont
jamais envahi mon quartier.
Les lézards géants n'ont
jamais envahi mon quartier.
Les lézards géants n'ont
jamais envahi mon quartier.
Les lézards géants n'ont
jamais envahi mon quartier.
Les lézards géants n'ont
jamais envahi mon quartier.

- Fin -

Davide Cali est auteur, illustrateur et bédéiste. Il a publié plus de soixante livres parmi lesquels *La Souris qui voulait faire une omelette*, illustré par Maria Dek, et la série *Je suis en retard à l'école parce que...*, *La Vérité sur mes incroyables vacances* et *J'ai perdu ma classe au musée parce que...*, tous illustrés par Benjamin Chaud, comme son album *Les adultes ne font jamais ça*. Il vit entre l'Italie et la France.

Benjamin Chaud a illustré une soixantaine de livres, parmi lesquels la série des *Pomelo* (avec Ramona Bădescu, Albin Michel Jeunesse). Il est aussi l'auteur et l'illustrateur de la série d'albums *Une chanson d'ours*, *Coquillages et petit Ours*, *Poupoupidours*, *Pompon Ours dans les bois*, et *Pompon Ours et Pompons blancs*, ainsi que des albums *Adieu Chaussette* et *Le Pire anniversaire de ma vie*, tous chez hélium. Il vit à Die.

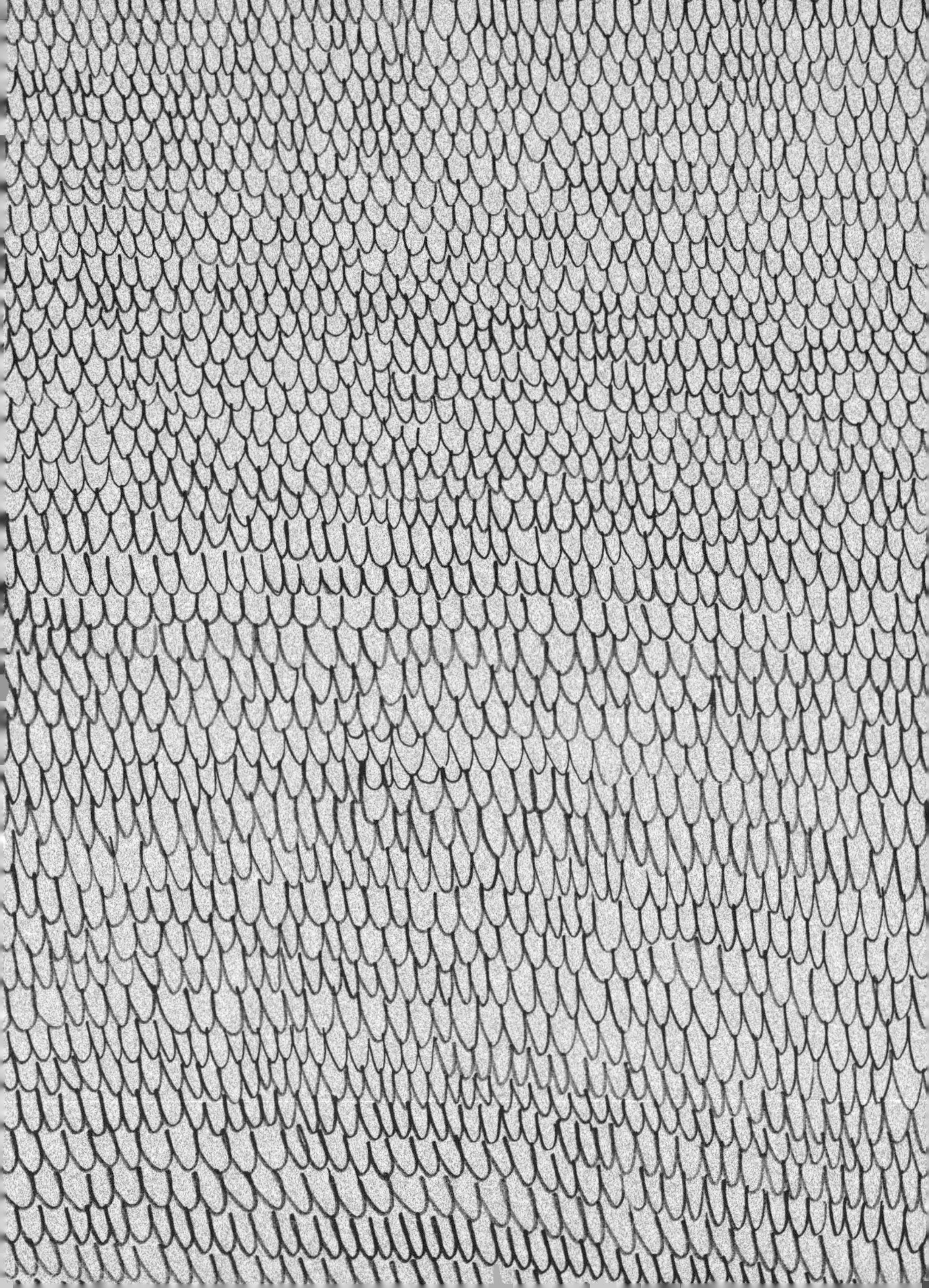

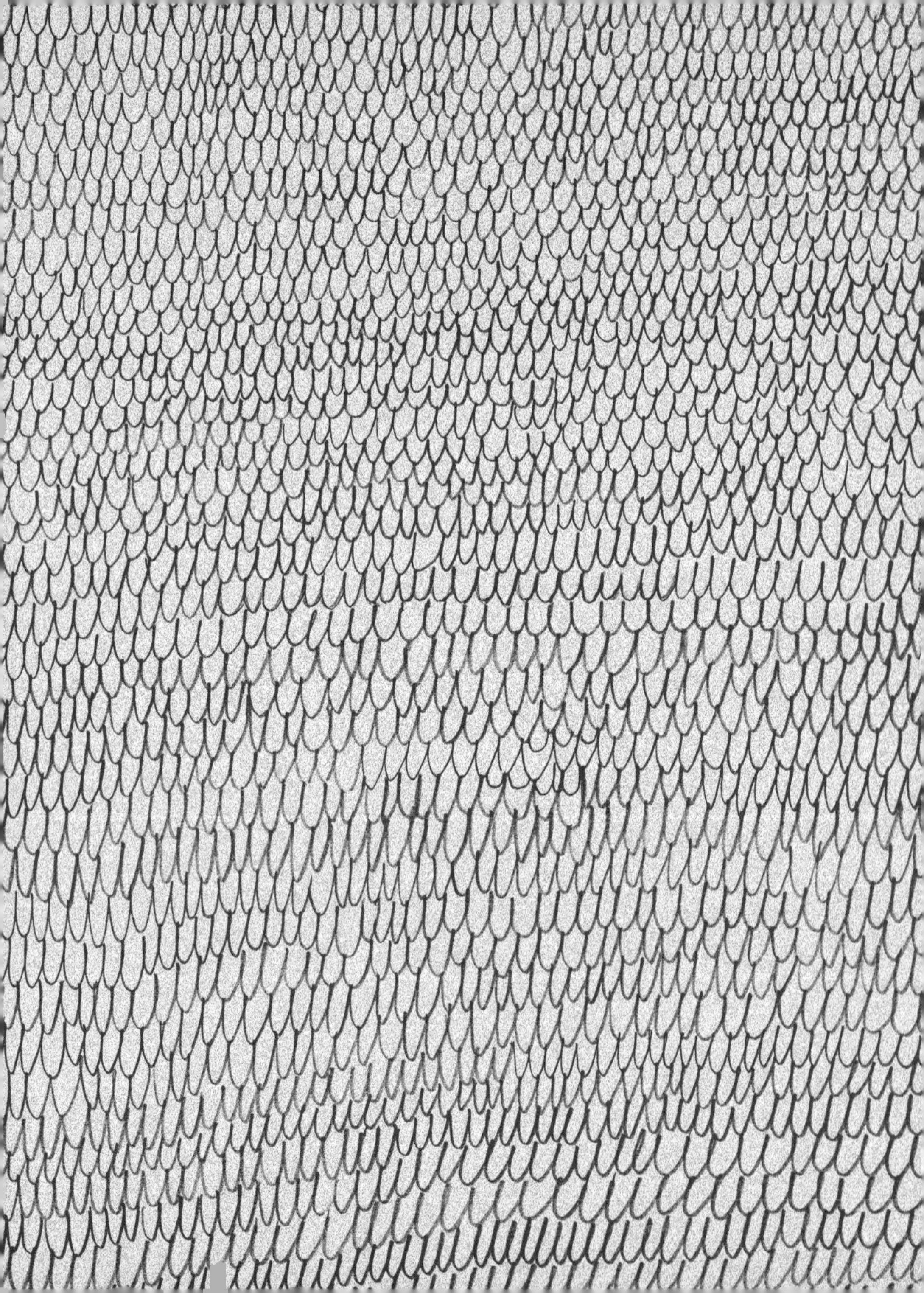